让孩子幸福的

今天
有没有哭

王玉正◎编著

［波兰］亚当·武伊奇茨基◎绘

明天出版社·济南

图书在版编目（CIP）数据

今天有没有哭 / 王玉正编著；（波）亚当·武伊奇茨
基绘 . — 济南：明天出版社，2022.10
（让孩子幸福的哲学：精选版）
ISBN 978-7-5708-1565-4

Ⅰ . ①今… Ⅱ . ①王… ②亚… Ⅲ . ①哲学－儿童读
物 Ⅳ . ① B-49

中国版本图书馆 CIP 数据核字 (2022) 第 149346 号

RANG HAIZI XINGFU DE ZHEXUE JINGXUAN BAN

让孩子幸福的哲学（精选版）

JINTIAN YOU MEIYOU KU

今天有没有哭

王玉正　编著　　［波兰］亚当·武伊奇茨基　绘

出版人　傅大伟
选题策划　冷寒风
责任编辑　丁淑文
特约编辑　王舟欣
项目统筹　胡婷婷
美术编辑　赵孟利
版式统筹　吴金周
封面设计　段　瑶
出版发行　山东出版传媒股份有限公司
　　　　　　明天出版社
地址　山东省济南市市中区万寿路19号

http://www.sdpress.com.cn　　http://www.tomorrowpub.com

经销　新华书店　**印刷**　鸿博睿特（天津）印刷科技有限公司
版次　2022年10月第1版　**印次**　2022年10月第1次印刷
规格　720毫米×787毫米 12开 3印张
ISBN 978-7-5708-1565-4　　**定价**　18.00元

致娃爸娃妈

当孩子为得不到玩具躺在地上哭闹时，当孩子因考试失利闭门大哭时……当孩子面对各种各样的情绪问题时，家长应该怎么做？

这些问题很难，难到心理学家们给出的答案都五花八门。为什么关于"情绪管理"的教育这么难呢？

也许是因为当我们还是孩子的时候，我们的负面情绪通常被父母冠以"任性""矫情""青春期"等而无视。

也许是因为当我们走入成年人的世界后，身边一些因生活压力大而情绪崩溃的同龄人用实际行动告诉我们：生活，没有容易二字。

也许是因为我们吃了足够多的亏，流了足够多的泪，才能慢慢具备所谓的"情绪管理能力"。

终于，我们逐渐能够直面困境：即便有时感觉生活苦不堪言，也能苦中作乐；即便短暂崩溃，也坚信明天一定会阳光明媚。只是，走到这一步我们花费了太多时间。

那么，在孩子长大之前，我们该怎么做，才能帮助孩子尽早学会控制负面情绪呢？

给他一个"盾牌"，那是强大、坚定的内心，让他足以抵抗失望、焦虑和愤怒；

给他一把"利剑"，那是直面问题的勇气，让他勇于解决眼前的困难，重拾快乐；

给他一个拥抱，那是无比坚固的堡垒，让他知道无论世事怎样变幻，我们都会永远站在他的身边。

希望他能从《解救玩具大冒险》这个故事开始，认识情绪，学习面对并管理自己的情绪。

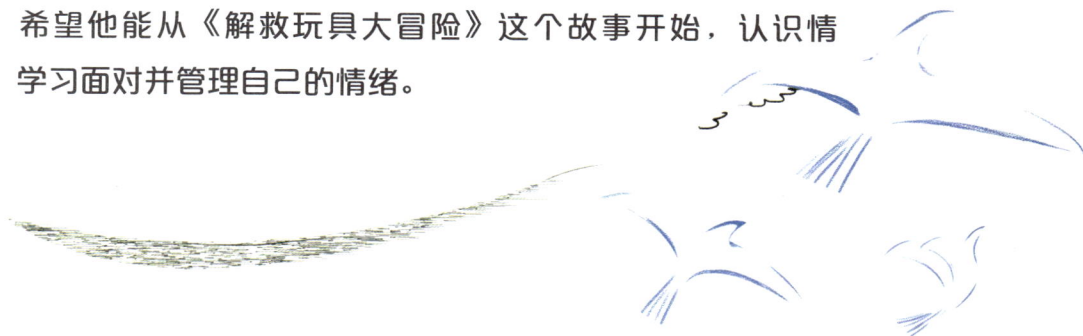

像哲学家一样思考
什么是 情绪

好朋友被人欺负，真叫人**担心**。如果我能保护好他，就不会发生这种事了。

在比赛中拿到第一名，得到了做梦都想要的奖牌，**开心**得都要跳起来了！

一不小心尿了裤子，太**难堪**了。好想找个洞钻进去……

心爱的玩具被弄坏了，好**伤心**哪。

被讨厌的人狠狠地撞了一下，好疼！真让人

生气。

午觉醒来照镜子，是谁把我画成了大花猫？这
可不是惊喜，是**惊吓**！

有的时候，我们会情不自禁地大笑、流泪、冒汗、
争吵，或者攥紧拳头，这体现了情绪的力量。

多种多样的情绪就像一个个调皮的精灵，不管遇到什么事情，它
们都要争先恐后地"指挥"我们的感受和行为。

哲学故事

解救玩具大冒险

夜晚来临，所有的孩子都睡了，疲惫的玩具们也该睡了。

突然，一个声音从黑暗中传来："什么？你说疲惫的玩具们！啊哈，我找的就是它们。"

9

稀里啪啦咒！

新的东西能给我
们带来新鲜感，但旧
物品承载的回忆，是
无法被替代的。

选一只

哲学小玩偶

原来是永远也长不大的魔法师——歌利亚！他总是在夜晚施展破
坏魔法，把玩具们变得又脏又破，等到它们被主人抛弃后，歌利亚就
会再次现身，将这些玩具带走。

呼噜呼噜变小魔法！

啊！我伟岸的身躯！

臭烘烘药水！

第二天早上，妈妈发现地上的小熊玩偶变得破破烂烂的，里边的棉花都跑了出来。它是阿诺妹妹最心爱的玩具。

妈妈心想，这一定又是阿诺那个捣蛋鬼干的。

"阿诺！你怎么又欺负妹妹？"妈妈举着小熊玩偶生气地说道。

阿诺很不服气，虽然他偶尔会欺负一下妹妹，可是这次真的不是他干的。

阿诺气鼓鼓地说："这……这才不是我弄坏的呢！"看着妈妈怀疑的眼神，他又气又委屈，一把抢过小熊，咚的一声把它扔进了垃圾桶。

夜晚，阿诺想到妹妹伤心的样子，决定把小熊玩偶捡回来，好好跟她道个歉。

啊……
好臭！

结果刚进院子，他就看见了一辆装满破旧玩具的雪橇，马上要飞走了。

啊！妹妹的小熊玩偶也在上面！来不及思考，阿诺立马跳了上去。

我们一起哭，一起笑，常常拌嘴，但也会互相保护对方，这就是兄弟姐妹。

送一只
哲学小玩偶

选一只

就像漂亮的玩具城堡需要用积木一点一点地搭建一样，美好的东西需要付出劳动来创造。

哲学小玩偶

让一让，准备发车喽！

飞的时间太长了，阿诺困得睡着了。等阿诺醒过来时，他发现自己竟然到了一座飘浮在空中的云朵岛上。
雪橇里的玩具不仅变得崭新漂亮，还一个个动了起来！

玩具们告诉阿诺，是魔法师歌利亚消除了它们身上的破坏魔法，并给予它们生命，为的就是让它们替他打造出一个巨大的玩具王国。

听，马戏团里的玩具在说悄悄话……

孩子们的喜爱给予我们力量。

后来，阿诺总算在马戏团里找到了小熊。他发现这儿的玩具每天不光要建造游乐园，还要练习杂技，好辛苦哇！

阿诺抱了抱小熊说："别害怕，我一定带你回家。"

有了这份力量，哪怕是歌利亚也无法把我们从小主人的手中夺走。

可当喜爱消失后，我们的力量就会被破坏……

可是该怎么对付歌利亚，才能救出玩具们呢？阿诺想到了一个好主意！

19

这天深夜，阿诺把大家聚在一起："你们瞧这只积木鸟，只要把它建造出来，我们准能离开这儿。"

这个计划让玩具们兴奋极了，它们纷纷加入阿诺的秘密小队。每天夜晚都有许多积木被悄悄送进帐篷……

选一只

哲学小玩偶

朋友的陪伴、对家人的思念、想要帮助别人的正义感，都能带给我们勇气。

这天，歌利亚看马戏表演，看得正高兴，突然，一阵大风袭来。原来，是阿诺和玩具们的积木鸟建好了！

积木鸟掀起的大风威力十足，歌利亚使尽了所有的魔法，却没有一点效果。

选一只

哲学小玩偶

众多音符在一起能编织出美妙的交响乐，许多伙伴在一起能创造不可思议的奇迹。

"快跑哇！大家快到织木鸟的背上去！"玩具们大声喊道。

然后，积木鸟开始更用力地扇动翅膀。大风把歌利亚吹到了很远很远的地方，还摧毁了他的邪恶王国！

糟糕！歌利亚的魔法也跟着消失了。积木鸟突然安静下来，就连云朵岛都开始一点点消散。

"啊啊啊——我们要掉下去了！"阿诺和玩具们尖叫起来。

阿诺突然从梦中醒来。他急匆匆地冲到妹妹的床前，看见她抱着小熊玩偶睡得正香，这让他觉得此刻幸福极了。

用想象的胶水黏合生活的碎片，让我们的每一个梦境都值得去探索。

送一只
芭蒂小班侬

阿诺向窗外看去，小花园里多了不少熟悉的"新朋友"！
欢声笑语又回到了人们身边。

送一只
哲学小玩偶

物品的新旧要辩证地看，就像旧玩偶也可以成为小猫的新家。

像哲学家一样思考
我们能 控制 自己的 情绪吗

要是**没有约束**的情绪精灵们全跑出来，那种感觉，就像把酸、甜、苦、辣、咸混在一起一样奇特。

其实只要我们动动脑筋，理性思维就会出来维持秩序，等吵吵闹闹的情绪精灵慢慢冷静下来，我们还可能获得出乎意料的智慧哟！

关心伙伴的方式有很多种，担忧是一种，用言语去安慰也是一种。

不论比赛的结果怎样，努力拼搏的我们挥洒的每一滴**汗水**都值得被尊重。

小时候每个人都有尿裤子、摔跟头的经历，所以你不需要为这些感到难堪。偷偷告诉你，爸爸妈妈也有过哟！

故意破坏别人珍惜的东西是不对的。面对这种行为，只要有**维护正义**的勇气，我们就能大声说出："你这样做是错的，你应该向我道歉！"

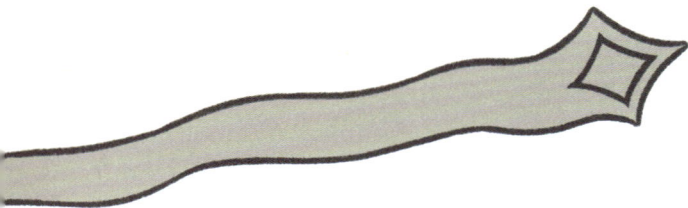

如果开的玩笑让人很不开心，那么这个玩笑应该改名叫"玩哭""玩怒"或者"玩吓"！

像哲学家一样思考
有坏情绪怎么办

吃了坏掉的食物会肚子疼，着凉了会感冒、咳嗽……你知道吗？其实坏情绪也会让人"**生病**"！那种心灵感冒可难受啦。

不过，只要治愈**心灵感冒**，我们又会重新变得舒服起来。那时你会发现，**糖果**变得更甜，**花朵**变得更美，就连没剃胡子的爸爸都变帅啦！

有坏情绪也没关系

好情绪、坏情绪是每个人都会有的正常情绪。遇到麻烦的时候，担忧让我们提前思考"怎么办"；体会悲伤让我们学会理解别人……在坏情绪出现时，试着和它握握手，允许自己哭一会儿。这就像感冒了会流鼻涕一样正常。

"宝贝，偶尔生气没什么大不了的，你可以生气。爸爸妈妈会爱你、保护你。但我们不是喷火龙，对吗？不停地吐火球，就算是喷火龙，也会喉咙痛哟。"

给坏情绪降降温

你可以用力跺跺脚，或者拿枕头出气。
也可以找一个自己喜欢的玩具，冲着它大声喊一喊。
还可以做鬼脸，听音乐，或者用画画来表达你的坏情绪。
总之做点儿别的事情，让自己别太关注那件让你不开心的事。

当然！你还可以让爸爸妈妈抱抱你。

找到坏情绪的源头

冷静下来的坏情绪还藏在心里，只有找到它产生的原因，我们才能真正战胜它。

小狮子总是很自卑，因为它的毛发没有伙伴们的长。

但谁说鬃毛一定要又长又多才漂亮?!小狮子发现，它**独一无二**的发型酷酷的，这样的它也很棒。

小狗已经很久没有去找它的好朋友猫咪玩啦，因为它还在为抓坏了猫咪的玩具而难过呢。

但它很想念猫咪，猫咪也很想念它，带上礼物去主动道歉，它们还是**好朋友**。

小猫一直在生闷气，因为今天妈妈不许它吃甜食。

于是，小猫下定决心，以后要成为一个了不起的甜点师！这样的话，蛋糕、糖果它想吃多少就可以吃多少。现在就出门**散散步**，把街边的美食全部写进清单里。

太阳一整天都垂头丧气，原来是因为乌云总是缠着它。

于是，太阳决定把自己的光芒变得更加**耀眼**，结果乌云马上捂住眼睛，灰溜溜地逃走啦。

35

谁惹你生气了，
是别人还是你自己？